Tanja Sassor

Mit besten Wünschen zum Geburtstag

kawohl

Geschenk

Ich möchte Dir heute
zu Deinem Geburtstag
etwas schenken,
bei dem Du spürst,
dass es um Dich geht!

Worte,
die Dir guttun.

Mut
für Deine Ideen.

Gedanken,
die Dich beflügeln.

Zeit,
wenn Du mich brauchst.

Ich wünsche Dir
ein gesegnetes
und erfülltes
neues Lebensjahr!

für Dich

Du stehst heute
in meinem Geburtstagskalender!

Den ersten *Sonnenstrahl* am Morgen
schicke ich mit guten Wünschen zu Dir!
Beginne Deinen Tag
mit einem gemütlichen Frühstück.

Freue Dich auf alles,
was Dir das Leben heute schenkt!
Auf die vielen
kleinen Aufmerksamkeiten
von Menschen,
die heute liebevoll
an Dich denken.

Genieße Deinen Geburtstag
voller Lebensfreude
und in netter Gesellschaft!

*Gott segne Dein neues Lebensjahr
und sei an Deiner Seite jeden Tag.*

Ich denke an Dich

An Deinem Geburtstag
möchte ich ein Zeichen setzen.
Ich denke an Dich
und wünsche Dir von Herzen
alles Gute!

Mach Dir keine Gedanken,
dass heute eine Kerze mehr
auf Deiner Geburtstagstorte brennt
als letztes Jahr!
Das ist der Lauf des Lebens!

Freue Dich über Deine Gäste,
die Deinen Geburtstag
heute feiern!

*Mache schöne Pläne
für Dein neues Lebensjahr!
Dein Glaube stärkt Dich
Tag für Tag!*

Ich denke immer gerne
an Deinen Geburtstag.
Und ich wünsche Dir von Herzen,
dass Du einen wunderschönen Tag hast.

*Heute ist Dein Leben ein Wunschkonzert
aus lauter guten Wünschen!*

Kleine Überraschungen von vielen Seiten
möchten Dir Freude bereiten.
Welche Wünsche hast Du selbst
für Dein neues Lebensjahr?

Vertraue sie Gott an,
er hat immer ein offenes Ohr für Dich.
Er schenkt Dir neue Wege,
schöne Begegnungen
und Perspektiven,
die Dein Leben bereichern.

Wunschkonzert

Reich beschenkt

Siehst Du, wie Dir die Sonne zuzwinkert?
Spürst Du, wie Dich
eine Blumenwiese anlacht?
Ein Schmetterling lässt Dir
Leichtigkeit zufliegen.
Freue Dich mit allen Sinnen,
dass Dich das Leben heute feiert!

Lass das Leben in Dein Herz,
heute und an allen Tagen
im neuen Lebensjahr!

Die Liebe Gottes
zündet Dein Lebenslicht an.
Hell und warm
leuchtet Dein Geburtstag.
Gott meint es immer gut mit Dir,
fühle Dich geborgen
in seinen offenen Armen.
Jeder Tag mit ihm ist ein
wunderbares Geschenk
für Dich.

Dein Geburtstag ist der
persönliche Festtag,
den Gott für Dich
mit Liebe ausgewählt hat.
Nimm Dir die Zeit,
Deinem Schöpfer
dafür zu danken.

Jeder schöne Augenblick
in Deinem neuen Lebensjahr
ist ein wertvolles Geschenk
von ihm.

Im Glauben wird Dir
eine Perspektive geschenkt,
die Dein Herz weit macht
und Deinen Blick öffnet.
Gott gibt Dir die Kraft,
immer wieder
einen guten Weg zu finden.

Heute ist Dein Tag

Frisch gepflückt für Dich

In jeder Blume
wächst die
Liebe Gottes.

Herrlicher Blütenduft
liegt in der Luft.
Hörst Du
das fröhliche Summen
der Bienen?

Die Vielfalt der Blumen ist so groß,
dass Gott jedem von uns
eine gewidmet hat.

Ich pflücke Dir heute
einen bunten Geburtstagsstrauß
und eine Handvoll Glück
für Dein neues Lebensjahr.

Mit Gott blüht jeder Tag auf!

Dein Geburtstagstisch

Gott hat Deinen Gabentisch
heute reich gedeckt.
Er kennt Deine
Herzenswünsche
und hat an alles gedacht.

Er schenkt Dir Gratulanten,
die Deinen Tag mit Dir feiern möchten.
Genieße den leckeren Kuchen,
freue Dich über nette Geburtstagspost
und bunte Blumen.

*Jedes Geschenk,
das von Herzen kommt,
beflügelt Dich innerlich.*

Es ist ein schönes Gefühl,
wenn sich viele Menschen freuen,
dass es Dich gibt!

Manchmal
liegt eine völlig unerwartete
Geburtstagskarte
mit netten Zeilen
in Deinem Briefkasten.

Jemand denkt an Dich
und hat Dich nicht vergessen.
Ein alter Kontakt wird aufgefrischt
für Dein neues Lebensjahr.
Einfach ein schönes Gefühl,
das innerlich etwas in Bewegung setzt.

Ein Geburtstag
ist immer ein guter Zeitpunkt,
nach vorne zu blicken,
aber auch zurückzuschauen,
was wir schon alles erleben durften.

*Geburtstage
sind die besonderen Stunden
zwischen zwei Lebensjahren –
ein wunderbares Geschenk.*

*Hoch sollst Du leben
an Deinem Sonnentag!*

Menschen, die Dich
in Deinem Leben begleiten,
stehen mit Glückwünschen
und Geschenken
vor Deiner Tür.

Sie möchten zu Dir,
um Dir von Herzen zu gratulieren!
Jeder Gast auf seine Weise
und mit seinen Worten.

Du fühlst Dich getragen
von den vielen schönen Momenten
menschlicher Zuneigung.

Siehst Du,
wie Deine Geburtstagskerzen
in Dein neues Lebensjahr strahlen?
Alles Licht in Deinem Leben
kommt von Gott!

Sonnige Glückwünsche

Jeder Tag ist kostbar

An manchen Tagen
fühlst Du Dich jung und frisch
wie ein Tautropfen am Morgen.
In anderen Momenten
bringt Dich Deine
Lebenserfahrung weiter.

Gestalte Deinen Geburtstag
als kleine Auszeit vom Alltag
und lade Gott dazu ein.
Er freut sich und kommt gerne.

*Verbringe Deinen Tag so,
wie es für Dich am besten ist.*

Lass Dein Herz nicht die Jahre zählen,
sondern genieße lieber schöne Erlebnisse
und lebe ganz bewusst
jeden einzelnen Tag.

Du bist ein Geschenk Gottes

Dein Geburtstag
erinnert Dich
jedes Jahr an den Tag,
an dem *Gottes Liebe*
Dich dieser Welt
geschenkt hat.

Dieses wunderbare *Geschenk*
möchten wir heute
voller Dankbarkeit feiern.

*Schön,
dass Du so bist,
wie Du bist!*

Bleibe so,
auch in Deinem
neuen Lebensjahr!

Süßer Start ins neue Lebensjahr

Ich habe Dir
einen Geburtstagskuchen
gebacken!

*Jedes Stück
enthält einen guten Wunsch
für Dich!*

Für einen süßen Start
in Dein neues Lebensjahr!

*Du bist wie eine Sonnenblume,
die jedes Jahr schöner blüht!*
Wie ist das möglich?

Es ist die Ausrichtung auf die Sonne,
die jeder Blume Halt gibt
und ihr genügend Wärme
und Wasser schenkt.

Und genauso lässt Gott Dich
mit seiner wundervollen Kraft
immer wieder aufblühen.

*Heute wächst Du
in Dein neues Lebensjahr hinein!*

Herzlichen Glückwunsch
zu Deinem Geburtstag!

Geburtstags-Kompliment

365 Tage voller Chancen
stehen am Start für Dich.
Deine Geburtstagskerze
feuert Dich an,
voller Zuversicht loszulaufen.

Neue Wegbegleiter
werden Dein Leben bereichern.
Schöne Augenblicke
erwarten Dich.

*Dein Erfahrungsschatz
wird immer reicher.*

Freue Dich
auf wertvolle Begegnungen
mit Freunden.
Ein herzerfrischendes Lachen
zwischendurch
ist ein Geschenk,
das Dich jung hält.

*Ich wünsche Dir
ein segensreiches
neues Lebensjahr!*

Spontane Lebensfreude

Am schönsten ist es oft,
wenn Ideen ganz spontan entstehen
und gleich umgesetzt werden.

Spontaneität
hat eine kostbare Energie
mit viel Lebendigkeit.

Manchmal entwickelt sich
ein Geburtstag am besten
ganz spontan ohne Planung.

Das gibt Dir
ein Gefühl von Freiheit
in einer immer stärker
verplanten Welt.

Oft sind es ganz einfache Dinge,
die Du mit vertrauten Menschen
gemeinsam erlebst,
und die Dir spontan

Lebensfreude
schenken.

Dein Geburtstag
ist ein guter Zeitpunkt,
den Motor, mit dem Du
Deinen Alltag bewegst,
einfach mal abzuschalten.

Alle Pflichten
für eine kleine Auszeit
auf die Seite zu legen.

*Einfach nur spüren,
was Deine Seele
gerade braucht.*

Träume aus Sonnenstrahlen
und Blütenduft.
Und eine Handvoll
klares Quellwasser,
das Dir neue Kraft
und frische Ideen schenkt.

Liebe Wünsche
für Dein neues Lebensjahr!

Deine Lieblingsfarben

Zu Deinem Geburtstag
wünsche ich Dir Farben,
die Dich fröhlich machen!
Und Heiterkeit, die Dir guttut!

*Freue Dich
auf Dein nächstes Lebensjahr.
Es wird Neues kommen
und Vertrautes bleiben.*

Dein fester Glaube
führt Dich auf gute Wege.
Gott ist immer für Dich da.

Auch wenn Du
ein Jahr älter wirst,
bleibst Du immer noch
der gleiche Mensch
mit seinen besonderen Wurzeln
und eigenen Werten.

*Hüte diesen Schatz,
denn er ist für Dein Leben
sehr wertvoll.*

Neue Erfahrungen
nehmen wir in unser Leben
dankbar auf
und verarbeiten sie
zu neuen Erkenntnissen,
die uns weiterbringen
auf unserem Weg.

*Gott hält bei allem
seine schützende Hand
über Dich.*

Tanja Sassor

Freiberufliche Autorin und Texterin, aufgewachsen in Oberbayern, Studium an der Universität Bamberg, schreibt mit Herz und Leidenschaft Texte für Geschenkbücher, Kalender, Karten und viele weitere Produkte, lebt und arbeitet in Erlangen.